AF258374

Couvertures supérieure et inférieure
manquantes

COMITÉ DES OBLIGATAIRES

DES

EMPRUNTS TUNISIENS 1863-1865

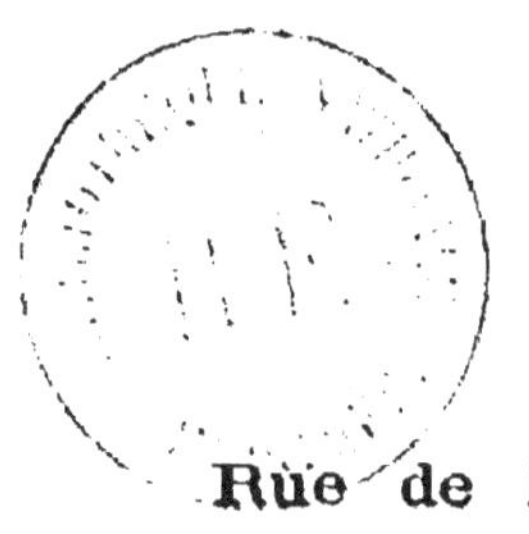

SIÉGE PROVISOIRE :

Rue de la Banque, 22, à PARIS

PIÈCES A CONSULTER

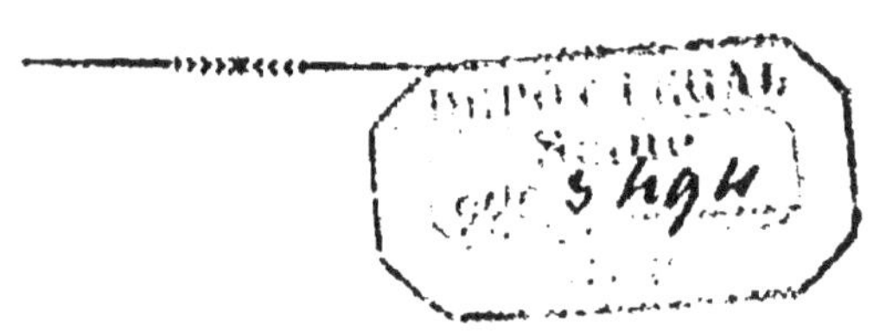

PARIS

IMPRIMERIE CENTRALE DES CHEMINS DE FER

A. CHAIX ET Cie

RUE BERGÈRE, 20, PRÈS DU BOULEVARD MONTMARTRE

1872

1° Extrait du registre des procès-verbaux.

2° Copie de la lettre (22 février) du Président du Comité demandant audience à M. le baron de Lesseps.

3° Copie de la réponse de M. le baron Jules de Lesseps au Président du Comité.

4° Copie de la lettre du 29 février du Président du Comité à M. de Lesseps.

5° Copie de la lettre du Président du Comité à S. Exc. le premier Ministre de S. A. le Bey.

6° Considérants.

7° Extraits de la lettre de M. Villet à un obligataire français.

8° Copie de la lettre du Président du Comité demandant audience à S. Exc. M. le Ministre des Affaires étrangères.

9° Copie de la réponse de S. Exc. M. le Ministre des Affaires étrangères au Président du Comité, accordant audience au Comité.

10° Mémoire et Lettre du Comité remis en audience par le Président du Comité à S. Exc. M. le Ministre des Affaires étrangères.

11° Copie de la requête adressée par des obligataires français des emprunts tunisiens 1863-1865, à S. Exc. M. le Ministre des Affaires étrangères à Versailles et simultanément à M. le baron Jules de Lesseps, représentant de S. A. le Bey à Paris.

12° Copie de la requête adressée par des obligataires français des emprunts tunisiens 1863-1865 à S. Exc. M. le Ministre des Affaires étrangères à Versailles.

13° Copie de la lettre (27 octobre 1871) de S. Exc. M. le Ministre des Affaires étrangères à M. l'Administrateur-Délégué de la Banque des Provinces.

14° Copie de la lettre (2 février 1872) adressée par M. l'Administrateur-Délégué de la Banque des Provinces à S. Exc. M. le Ministre des Affaires étrangères.

COMITÉ DES OBLIGATAIRES

DES

EMPRUNTS TUNISIENS 1863-1865

PIÈCES A CONSULTER

N° 1

Extrait du registre des Procès-Verbaux.

Un grand nombre de porteurs d'Obligations tunisiennes des emprunts 1863 et 1865 se sont réunis dans les bureaux de la Banque des Provinces, le samedi 17 février, à deux heures.

1,683 personnes possédant 60,814 titres ont pris, par elles-mêmes ou par leurs fondés de pouvoirs, les décisions suivantes :

1° Nomination à l'unanimité, par les membres présents, d'un Comité provisoire, composé de :

MM. CHAUVEAU (Louis), publiciste, chevalier de la Légion d'honneur ;

DUBOIS (Emmanuel), publiciste, ancien Maire du
2e arrondissement de Paris;

PILVOIS, chef de Contrôle à la Compagnie du chemin
de fer de Paris-Lyon-Méditerranée ;

BRODIN (Achille), ancien résident à Tunis, propriétaire ;

VAILLE, propriétaire ;

BERNARD (Henri), ancien Sous-Préfet, chevalier de
la Légion d'honneur ;

2° Mandat donné à ce Comité de faire toutes démarches
auprès du Ministre des affaires étrangères et du Représentant officiel du Bey de Tunis à Paris ;

3° Mandat spécial donné à ce Comité de demander à
M. le général de division comte Raffo, premier Directeur aux
affaires étrangères, délégué du gouvernement tunisien, en
mission à Paris : — 1° L'échange immédiat des Titres ; —
2° La nomination d'un délégué français, comme membre du
Comité de Contrôle, en remplacement de M. Bonfils, décédé,
et cela conformément aux prescriptions de l'article 10 du
décret de S. A. le Bey de Tunis, en date du 5 juillet 1869;

4° Obligation par le Comité de rendre compte du résultat
de ses démarches à une Assemblée générale des obligataires
à convoquer dans le courant du mois de mars.

Le Comité fait appel à ceux des obligataires qui n'ont pas
pris part à la réunion du 17 février. Il les engage à se
mettre en rapport avec lui, afin qu'il puisse les convoquer
pour la prochaine Assemblée.

N° 2

Paris (22, rue de la Banque), le 22 février 1872.

*A Monsieur le baron Jules de Lesseps, Représentant de
S. A. le Bey de Tunis, à Paris.*

MONSIEUR LE BARON,

Un grand nombre de porteurs d'Obligations Tunisiennes
des emprunts 1863-1865 se sont réunis dans les bureaux de
la Banque des Provinces le samedi 17 février.

1,683 personnes possédant 60,814 Titres ont pris par elles-
mêmes ou par leurs fondés de pouvoirs, entre autres décisions, celle de donner au Comité nommé à cet effet le
mandat de faire toutes démarches auprès de Son Excellence
le Ministre des affaires étrangères et du représentant officiel
du Bey de Tunis à Paris.

Dans cette situation, le Comité a l'honneur de vous prier
de vouloir bien lui accorder audience le plus tôt possible,
afin qu'il puisse porter auprès de vous les réclamations,
vœux et désirs des obligataires tunisiens qu'il représente.

Daignez agréer, Monsieur le Baron, l'assurance de notre
considération la plus distinguée.

Le Secrétaire,
BERNARD.

Le Président,
ACHILLE BRODIN.

N° 3

Paris, le 24 février 1872.

A Monsieur Achille Brodin, Président du Comité des Obligataires des Emprunts Tunisiens.

Monsieur,

Ma qualité de Représentant de S. A. le Bey à Paris ne me donne pas le droit de m'occuper à un titre quelconque des intérêts français que le Ministre des affaires étrangères et le Consul général de France ont seuls pouvoir de traiter.

Néanmoins, si mes bons offices pouvaient vous être de quelque utilité, je serais heureux, à titre purement gracieux, de faire ce qui dépendrait de moi pour vous être agréable.

Vous serez certain de me trouver à l'hôtel de la Mission, demain samedi, de 2 heures à 3 heures de l'après-midi.

Agréez, Monsieur, les assurances de ma considération distinguée.

Signé : Baron Jules DE LESSEPS.

N° 4

Paris (22, rue de la Banque), le 20 février 1872.

A Monsieur le baron Jules de Lesseps, Représentant de S. A. le Bey de Tunis, à Paris.

MONSIEUR LE BARON,

En vous demandant l'audience que vous avez bien voulu accorder à titre gracieux, le Comité des Obligataires tunisiens avait deux buts à atteindre :

1° Accomplir le mandat qui lui avait été donné par ses mandants ; 2° Tenter auprès de votre Gouvernement, par votre intermédiaire et par la communication des considérants du Comité, à lui faire parvenir une démarche conciliatrice dans le sens de l'obtention la plus prompte des différentes réclamations, vœux et désirs des Obligataires français représentés par le Comité.

Le Comité s'était inspiré, dans cette démarche auprès de vous, de l'idée principale qu'il eût été tous égards préférable que votre Gouvernement voulût bien, de sa propre initiative, faire droit aux *desiderata* des Obligataires, sans que ceux-ci fussent dans l'obligation toujours pénible d'avoir à en référer à leur propre Gouvernement et à réclamer contre le Gouvernement de S. A. le Bey, par tous les voies et moyens en leur pouvoir ; ce qui implique toujours des inconvénients que votre Gouvernement eût été probablement disposé à éviter.

En conséquence de votre refus, lors de la réception du Comité par vous, d'avoir à prendre connaissance et d'entendre la lecture de ses considérants et conclusions, nous avons l'honneur de vous prier de vouloir bien faire parvenir à S. Exc. le premier Ministre de S. A. le Bey, le pli ci-joint, cacheté, qui les contient.

Daignez agréer, Monsieur le Baron, l'assurance de notre considération la plus distinguée.

Le Secrétaire,
BERNARD.

Le Président,
ACHILLE **BRODIN.**

N° 5

Paris (22, rue de la Banque), le 29 février 1872.

A Son Excellence le premier Ministre de S. A. le Bey de Tunis.

MONSEIGNEUR,

Nous avons l'honneur de vous adresser sous ce pli, remis cacheté à la Légation tunisienne :

1° Les différents considérants et conclusions du Comité des obligataires français qu'il avait l'intention de remettre, après lecture, à M. le baron de Lesseps, représentant de S. A le Bey à Paris, afin de vous les remettre;

2° Copie de la lettre de M. Jules de Lesseps qui, sur la demande du Comité, lui accorde audience à titre gracieux ;

3° Copie de la lettre de MM. les Président et Secrétaire du Comité à M. Jules de Lesseps, qui le prie de vouloir bien faire parvenir à Votre Excellence le pli cacheté ci-joint, et qui précise les motifs pour lesquels le Comité, après refus de M. de Lesseps, se trouve dans l'obligation de vous l'adresser directement ;

4° Un extrait imprimé du registre des procès-verbaux.

La lettre des Président et Secrétaire du Comité, dont copie ci-jointe, adressée à M. Jules de Lesseps, démontrera clairement à votre Excellence dans quel esprit et dans quel but, tous deux conciliateurs, le Comité avait le projet d'agir vis-à-vis du Gouvernement de S. A. le Bey, en la personne de son représentant à Paris.

Le Comité, en vous adressant toutes les pièces ci-jointes, s'inspire des mêmes sentiments et ose espérer qu'après en avoir pris connaissance, Votre Excellence voudra bien faire donner satisfaction aux réclamations des obligataires français et profiter de la présence à Paris de M. le comte Raffo, afin de lui adresser les plus promptes instructions dans ce sens.

Dans l'espoir que Votre Excellence voudra bien honorer le Comité d'une très-prochaine et favorable réponse, nous avons l'honneur de lui présenter nos hommages du plus profond respect

Le Secrétaire,
BERNARD.

Le Président,
Achille BRODIN.

N° 6

Considérant que le Comité, en remplissant les différents mandats qui lui ont été impérativement donnés par 1,683 personnes possédant 60,814 Titres des Emprunts tunisiens 1863-1865, doit tenir un langage d'autant plus énergique et ferme que, depuis tantôt une année, ces obligataires attendent en vain satisfaction à leurs diverses réclamations ;

Considérant que, aux termes d'une lettre écrite par M. Villet, le 23 janvier 1872, à un obligataire de Paris dont les extraits sont ci-joints, il semblait en ressortir, aux dires personnels de M. Villet, que, malgré tout son zèle et tout son dévouement à défendre les intérêts français, il n'avait pu réussir à faire procéder à l'échange des Titres, à cause des intrigues et de l'esprit d'exploitation qui, selon lui, ont toujours eu une si large part dans les affaires tunisiennes ;

Considérant que M. Villet ajoute dans cette même lettre que M. le comte Raffo, fonctionnaire du Bardo, était en ce moment à Paris et qu'il avait pour mission de prendre toutes les mesures nécessaires afin de donner prompte satisfaction aux réclamations trop légitimes des porteurs de Titres ;

Considérant que M. le comte Raffo a déclaré au Comité, dans une visite que celui-ci lui a faite, n'avoir d'autre mission, en vertu des pouvoirs dont il a été donné lecture, que de traiter tout d'abord l'arrangement ou la résiliation du traité Valensi relatif à l'échange des Titres, et ensuite de traiter avec une maison pour ce même échange, sauf ratification de ce traité par son Gouvernement;

Considérant que cette résiliation est désormais un fait accompli, que M. le comte Raffo a proposé à son Gouvernement une ou plusieurs maisons à cet effet;

Considérant que M. le comte Raffo, interpellé par le Comité sur la question de savoir ce qu'entendait M. Villet dans sa lettre à M. Denfert, par les mots : Intrigues et Esprit d'exploitation, à propos de l'échange des Titres qui devait se faire, disait M. Villet, chez M. de Lesseps, a répondu ne pouvoir expliquer au juste ce que voulait dire par ces mots M. Villet, à moins que cette allusion de M. Villet ne se rattachât à des difficultés venant de tiers ;

Considérant que le Comité est actuellement, par ses propres informations, au courant de l'historique relatif au traité passé entre M. Villet lui-même et M. Valensi, au nom du Comité exécutif ou du Gouvernement tunisien, et qu'il en résulte que les termes de la lettre de M. Villet à M. Denfert sont loin de reproduire la véritable cause du retard de l'échange, attendu que M. Villet rejette sur d'autres la responsabilité qui incombe à lui seul personnellement, en faisant, en secret, avec M. Valensi, un traité dont il n'a pas soumis, en temps, au Comité de contrôle, les clauses et conditions qu'il devait savoir inacceptables et qu'il ne se hâtait pas, en conséquence, de faire connaître ;

Considérant que cette lettre de M. Villet, après avoir été interprétée, à première lecture, et sans autre information préalable, par les obligataires réunis et leur Comité, dans un sens favorable à M. Villet et défavorable au Gouvernement tunisien ou à ses agents et représentants, ne doit plus avoir les honneurs de l'irresponsabilité, ainsi que M. Villet y vise en l'écrivant; mais qu'au contraire, cette lettre doit être, dans la situation, jugée très-sévèrement, à cause des inexactitudes et des mobiles trop évidents qui l'ont inspirée;

Considérant, d'autre part, pour ce qui regarde la nomination d'un délégué français comme membre du Comité de contrôle en remplacement de M. Bonfils, décédé, et cela conformément aux prescriptions de l'article 10 du décret de S. A. le Bey de Tunis, en date du 5 juillet 1869, que ces Obligataires ont sollicité en vain, depuis une année environ, la nomination de ce délégué;

Considérant que M. le comte Raffo a annoncé au Comité que son Gouvernement avait jugé à propos d'abroger l'article 10 du décret du 5 juillet 1869, en vertu duquel les porteurs d'Obligations devaient nommer directement leur délégué et l'avait remplacé par un autre article dont les dispositions avaient pour but de faire donner par les Obligataires français pouvoir et autorisation au Consul général de France à Tunis de choisir, sous sa responsabilité, un résident français à Tunis, chargé des fonctions de délégué français, membre du Comité de contrôle;

Considérant que le Comité a unanimement protesté contre cette surprise et a énergiquement déclaré que ni lui, ni ses mandants n'accepteraient jamais, en aucun cas, semblable situation;

Considérant que non-seulement les Obligataires refuseraient nettement de donner cette autorisation au Consul général de France, mais qu'ils enverraient au contraire à Tunis, et d'office, un délégué nommé par eux à leurs frais, afin d'y aller représenter leurs intérêts et faire tout le nécessaire dans ces circonstances, si satisfaction ne leur était pas donnée à courts délais, ainsi qu'ils le demandent d'urgence ;

Considérant que le Comité a unanimement prié M. le comte Raffo de vouloir bien faire connaître à son Gouvernement les résolutions et réponses du Comité relatives à la nomination du délégué français et aussi de prier S. A. le Bey, au nom du Comité et des Obligataires, qu'il veuille bien rapporter son décret modifiant l'article 10 de celui du 5 juillet 1869, afin d'éviter tout conflit regrettable au moment de l'élection ;

Considérant que, sur toutes autres questions générales ou de personnes, le Comité se réserve son action et son examen ultérieurs, soit qu'il s'agisse d'avoir à se préoccuper de l'attitude de la presse et de l'opinion publique à l'égard de M. Villet, de ses agissements, du double rôle qu'il semble jouer selon les circonstances ; soit qu'il s'agisse de la non-régularité du paiement des coupons et des causes qui s'y rattachent, ainsi que de toutes autres difficultés :

Le Comité a l'honneur de demander à M. le baron Jules de Lesseps, représentant officiel du Bey à Paris, qu'il veuille bien transmettre le plus promptement possible, et au besoin télégraphiquement à son Gouvernement, afin d'éviter les retards d'un courrier, les demandes suivantes du Comité, ainsi formulées :

1° Le choix immédiat d'une maison de Paris pour y faire l'échange des Titres, de façon que M. le comte Raffo soit mis à même de pouvoir traiter avec cette maison, au plus tard dans un délai de huit jours à partir d'aujourd'hui ;

2° Nomination dans les délais les plus courts d'un délégué français, mais en conformité de l'article 10 du décret du 5 juillet 1869 ;

3° Faire parvenir par le plus prochain courrier au Gouvernement de S. A. le Bey de Tunis les présents considérants du Comité.

Paris, le 26 février 1872.

Le Secrétaire,
BERNARD.

Le Président,
Achille BRODIN.

N° 7

Extrait de la lettre écrite par M. Villet à un obligataire français.

Tunis, le 23 janvier 1872.

« Sans les catastrophes qui ont accablé notre pauvre pays
» et Paris en particulier, l'émission des Obligations de la
» dette fusionnée serait un fait accompli.

» Dès le mois de juillet dernier, nous nous sommes remis
» à l'œuvre et tout avait été combiné de manière à ce que
» l'échange des anciens Titres contre les nouveaux com-
» mençât avec le mois d'octobre.

» L'opération devait être faite chez M. de Lesseps ; mais
» les intrigues et l'esprit d'exploitation qui ont toujours eu
» une si large part dans les affaires tunisiennes, nous ont
» ménagé des surprises et des complications au millieu des-
» quelles nous nous débattons depuis quatre mois, et en
» ce moment arrive à Paris un fonctionnaire du Bardo, M. le
» comte Raffo, qui a pour unique mission d'en hâter le
» dénoûment et de prendre toutes les mesures nécessaires
» pour donner prompte satisfaction aux réclamations trop
» légitimes des porteurs de Titres.

» M. Raffo est descendu au Grand-Hôtel, vous pourriez au
» besoin vous adresser à lui. »

Signé : **VILLET.**

N° 8

A son Excellence Monsieur le Ministre des Affaires étrangères.

MONSIEUR LE MINISTRE,

Un grand nombre de porteurs d'Obligations Tunisiennes des emprunts 1863-1865 se sont réunis en Assemblée, le 17 février dernier.

Mille six cent quatre-vingt-trois personnes possédant 60,814 Titres, c'est-à-dire environ la moitié de la dette française Tunisienne, ont pris par elles-mêmes ou par leurs fondés de pouvoirs, entre autres décisions, celle de donner au Comité nommé à cet effet le mandat de faire toutes les démarches auprès de son Excellence Monsieur le Ministre des Affaires étrangères de France.

Dans cette situation, le Comité a l'honneur de vous prier de vouloir bien lui accorder audience, afin qu'il puisse porter auprès de vous, et le plus promptement possible, les réclamations, vœux et désirs des Obligataires Tunisiens qu'il représente.

Daignez agréer, Monsieur le Ministre, l'hommage de notre plus profond respect.

Le Secrétaire,
BERNARD.

Le Président,
ACHILLE BRODIN.

Nº 9

Versailles, le 10 mars 1872.

A Monsieur Achille Brodin, Président du Comité des Obligataires des Emprunts Tunisiens.

Le Ministre des Affaires étrangères aura l'honneur de recevoir Messieurs les membres du Comité des Obligataires des Emprunts Tunisiens, le mercredi 16 mars, entre une heure et deux heures et demie.

Paris, le 16 mars 1872.

N° 10

LETTRE et MÉMOIRE remis en audience du 16 mars 1872, par M. le Président du Comité, à Son Excellence M. le Ministre des Affaires étrangères de France.

A Son Excellence M. le Ministre des Affaires étrangères.

MONSIEUR LE MINISTRE,

Nous avons l'honneur de remettre entre les mains de Votre Excellence un mémoire qui a pour but de vous exposer l'ensemble des griefs et des réclamations des Obligataires Tunisiens, et de solliciter, en leur faveur, votre bienveillant appui.

Permettez-nous de préciser ici les trois questions que nous recommandons tout d'abord, en leur nom, à votre sollicitude :

1° Nomination aussi prompte que possible d'un délégué français en remplacement de M. Bonfils, décédé ;

2° Nomination de ce délégué conformément à l'article 10 du décret de S. A. le Bey, du 5 juillet 1869, c'est-à-dire directement par les Obligataires eux-mêmes, et non pas par M. le Consul général de France à Tunis ;

3° Echange des Titres anciens contre des Titres nouveaux sans paiement d'un nouveau droit de timbre.

Daignez agréez, Monsieur le Ministre, l'assurance de notre profond respect.

Le Secrétaire,
BERNARD.

Le Président,
ACHILLE BRODIN.

MÉMOIRE.

Les Membres du Comité des Obligataires Tunisiens qui ont eu l'honneur d'obtenir une audience de M. le Ministre des Affaires étrangères croient devoir exposer à Son Excellence que les 6 juillet 1871, 11 juillet, 14 juillet, 20 juillet, 26 juillet, 6 septembre, 22 septembre, 2 octobre, 4 octobre, 10 octobre, 16 octobre et 24 octobre même année, un certain nombre de porteurs français d'Obligations tunisiennes (emprunts 1863 et 1865) ont adressé douze requêtes à S. Exc. M. le Ministre des Affaires étrangères à Paris, dont copies ci-jointes (Voir pièces n°s 11 et 12);

Que le 27 octobre 1871, S. Exc. M. le Ministre des Affaires étrangères, en réponse à toutes ces pétitions, a bien voulu, par lettre spéciale, faire connaître à M. l'Administrateur délégué de la Banque des Provinces, que le Gouvernement français n'avait pas attendu la plainte des intéressés pour recommander à Tunis l'adoption des mesures propres à leur donner satisfaction ; et qu'à la suite de pourparlers dont il n'a pas dépendu de lui d'abréger la durée, il avait lieu de penser que les créanciers français de la régence seraient très-prochainement saisis de la décision du Bey, par l'entremise du représentant de S. A. le Bey, à Paris, ainsi qu'il résulte de la lettre ci-jointe de S. Exc. le Ministre des Affaires étrangères (Voir pièce n° 13) ;

Que les Obligataires ont jusqu'à ce jour attendu en vain la satisfaction promise ;

Que loin de là le représentant de S. A. le Bey, à Paris, M. le baron Jules de Lesseps n'a pas saisi les Obligataires français de la décision de S. A. le Bey, ainsi que l'annonçait la lettre de S. Exc. M. le Ministre des Affaires étrangères; que de plus il a refusé d'avoir à communiquer officiellement avec eux et d'entendre leurs réclamations sous différentes fins de non-recevoir dont d'ailleurs il s'est déclaré prêt à accepter la responsabilité;

Que, le 2 février 1872, M. l'Administrateur de la Banque des Provinces a eu l'honneur d'écrire à S. Exc. M. le Ministre des Affaires étrangères, au nom des porteurs d'Obligations tunisiennes, qu'il avait le regret de venir protester auprès de Son Excellence :

1° Contre les retards apportés à la nomination de leur délégué, en remplacement de M. Bonfils, décédé ;

2° Contre toute décision nouvelle instituant un mode d'élection contraire à l'art. 10 du décret du 5 juillet 1869, en vertu duquel les délégués français doivent recevoir directement leur mandat des porteurs de Titres des deux emprunts 1863 et 1865, ainsi que la lettre ci-jointe en fait foi (Voir pièce n° 14) ;

Que les intérêts des Obligataires français n'ont pas été représentés pendant longtemps dans le sein de la Commission financière, par suite du décès de M. Bonfils, qui remonte à près d'une année, et la longue absence de M. Dubois;

Que, pendant tout ce temps, la Commission financière et le Comité d'administration des revenus concédés ont pris toutes sortes de mesures, sans que les Obligataires français aient été consultés ;

Que, dans cette situation, les Obligataires français ont pensé que leur action commune et collective serait sans doute plus utile et plus efficace, et qu'ils se sont en effet réunis le 17 février dernier en Assemblée ;

Qu'ils ont alors, pour sauvegarder leurs droits compromis, nommé, séance tenante, un Comité chargé : 1° De faire toutes démarches auprès de S. Exc. M. le Ministre des Affaires Étrangères de France et du Représentant officiel du Bey de Tunis à Paris ;

2° De demander à M. le Général de division, comte Raffo, premier Directeur aux Affaires Étrangères, délégué du Gouvernement Tunisien, en mission à Paris :

1° L'échange immédiat des Titres ;

2° La nomination d'un délégué français comme membre du Comité de contrôle, en remplacement de M. Bonfils, décédé, et cela conformément aux prescriptions de l'art. 10 du décret de S. A. le Bey de Tunis, en date du 5 juillet 1869 ;

3° De rendre compte du résultat de ses démarches à une Assemblée générale des Obligataires dans le courant des mois de mars ou d'avril ;

Que le Comité, pour remplir les différents mandats qui lui ont été donnés par mille six cent quatre-vingt-trois personnes possédant 60,814 Titres des Emprunts tunisiens 1863-1865, doit commencer par se mettre en rapport avec M. le Ministre des affaires étrangères ;

Que le protecteur naturel et le seul défenseur des intérêts français à Tunis est, en effet, le Gouvernement français ;

Que les Obligataires viennent donc porter auprès de S. Exc. M. le Ministre des Affaires étrangères de France leurs plaintes motivées et lui faire connaître la nature exacte et précise de leurs réclamations ;

Que déjà le Comité, à la suite de sa visite à M. le comte Raffo, et en prévision de celle qu'il avait mandat de faire à M. le baron Jules de Lesseps, avait libellé des considérants adressés par lui au Gouvernement de S. A. le Bey, le 29 février dernier, et dont ci-joint ici une copie (pièce n° 6) ;

Que l'acte de transaction, dénommé convention du 23 mars 1870, intervenu sous cette forme entre le Gouvernement de S. A. le Bey et ses divers créanciers, a été signé par les mandataires des Obligataires français, en dehors de leur ratification, et que cet acte n'a jamais été soumis à leur approbation ;

Que les mandataires des Obligataires n'avaient pas ce droit ;

Que les clauses et conditions de cette transaction sont ncontestablement très-préjudiciables aux intérêts des Obligataires français, et que selon toute vraisemblance d'autres conditions plus avantageuses auraient pu être obtenues du Gouvernement de S. A. le Bey ;

Que les Gouvernements de France, d'Angleterre et d'Italie n'ont jamais approuvé officiellement cette convention, au nom de leurs nationaux respectifs, et que, par ce nouveau fait, elle ne saurait être davantage considérée comme consacrée définitivement et légalement valable ;

Qu'indépendamment de cette convention du 23 mars 1870 et comme annexe arbitraire, le Comité exécutif a élaboré et mis en pratique un règlement qui place l'Administration des revenus concédés dans des conditions anormales et inacceptables ;

Que ce règlement n'a été, pas plus que la convention, approuvé, ni par les intéressés, ni par les Gouvernements de France, d'Angleterre et d'Italie ;

Que M. Villet, auteur et créateur de ce règlement, a maintenu envers et contre tous un système flagrant d'incompatibilité entre les fonctions de membre du Comité de contrôle d'une part, et d'autre part d'Administrateur des revenus concédés ; qu'il a placé par là l'Administration des revenus concédés sous l'influence, disons mieux, sous la domination exclusive du Comité exécutif, alors qu'il est au contraire logique de laisser au Comité de contrôle la gestion des divers revenus, propriété des créanciers ;

Que néanmoins les Obligataires, en demandant l'échange de leurs anciens Titres, se montrent disposés à adhérer à la convention du 23 mars 1870 et au règlement qui a institué l'Administration des revenus concédés, bien que l'un et l'autre ne soient actuellement ni valables ni réguliers pour les principaux motifs exprimés plus haut ; qu'ils sont disposés à les accepter et à les ratifier sous la condition qu'on fasse passer l'Administration des revenus concédés dans les mains du Comité de contrôle qui les gèrera lui-même, pour compte des créanciers, leurs mandants directs ;

Que les Obligataires, prenant acte de leurs droits acquis, antérieurs à la convention du 23 mars 1870, se réservent la faculté de demander ultérieurement toutes améliorations à cette convention, aux fins d'assurer le paiement régulier et intégral des coupons ;

Qu'en ce qui concerne la question du timbre, les Obligataires entendent recevoir des Titres timbrés, ou valant timbre, contre remise de leurs Titres déjà timbrés ;

Que pour les coupons arriérés, les Obligataires comptent également qu'on ne tiendra pas compte des instructions particulières, connues depuis le mois de décembre dernier, adressées à cet effet, par M. Villet à M. Valensi, et qui auraient pour résultat d'amener la perte totale du Certificat, toutes les fois qu'on ne représenterait pas la totalité des coupons arriérés ;

Que les Obligations sorties aux différents tirages postérieurement à 1867 n'ont pas été remboursées ;

Que la convention du 23 mars 1870 est muette sur leur sort;

Que par des instructions spéciales arbitraires, M. Villet, représentant le Comité exécutif, a, paraît-il, décidé, sans en avoir conféré avec les intéressés ou leurs délégués à Tunis, qu'on échangera purement et simplement ces Obligations sorties contre des Obligations nouvelles, lesquelles ne valent aujourd'hui à la Bourse de Paris que 160 francs;

Que cette décision, qui porte atteinte aux droits acquis des porteurs de ces Obligations, est inacceptable, attendu que les Obligations sorties devaient être remboursées à 500 francs en numéraire et qu'en conséquence elles ont droit à être traitées dans des conditions spéciales et en tout cas plus avantageuses que celles fixées par M. Villet;

Qu'en ce qui concerne le chiffre capital du Certificat destiné à remplacer les coupons arriérés des titres 1863-1865, M. Villet en a fixé le montant sans avoir consulté les délégués français;

. . . .
. . . .
. . . .
. . . .
. . . .

Que les questions que se posent notamment les Obligataires sont les suivantes :

1° Pourquoi, après le décès de M. Bonfils, délégué français, M. Villet n'a-t-il pas provoqué, en sa qualité de Vice-Président de la Commission financière, et cela immédiatement, la nomination de son successeur?

2° Pourquoi M. Villet a-t-il demandé l'abrogration de l'article 10 du décret du 5 juillet 1869, déterminant le mode de nomination des délégués français?

3º Pourquoi M. Villet, au moment de l'échéance des coupons de janvier 1872, a-t-il conclu à la libération du trésor du Bey, vis-à-vis des Obligataires, par le paiement des sommes en caisse au moment de l'échéance, bien que la répartition de ces sommes, au marc le franc, entre tous les créanciers ne donnât que cinquante pour cent ;

4º Pourquoi M. Villet a-t-il persisté dans cette manière de voir, alors que le Comité de contrôle et le Gouvernement de Tunis lui-même en ont reconnu le mal fondé et que S. A. le Bey décidait, au contraire, que le 1/2 coupon de janvier serait payé aux Obligataires ?

5º Pourquoi, en beaucoup de circonstances, M. Villet s'est-il trouvé en lutte, tant avec les membres Français du Comité de contrôle, qu'avec ceux de l'Italie et de l'Angleterre, et par suite avec les consuls d'Angleterre et d'Italie, prenant fait et cause pour les délégués de leurs nationaux ?

6º Pourquoi, au moment de la notification du règlement, rédigé par M. Villet lui-même, qui instituait l'admission des revenus concédés et sa composition, M. Villet s'est-il trouvé en plein désaccord et en lutte avec M. le Consul général de France lui-même, sur la question d'incompatibilité entre les fonctions cumulées de membre du Comité de contrôle et celle d'Administrateur des revenus concédés ?

7º Pourquoi, en ce qui concerne l'échange des Titres, M. Villet a-t-il traité, avec M. Valensi, à des conditions reconnues plus tard inacceptables par les membres du Comité de contrôle ?

8º Pourquoi M. Villet n'a-t-il pas soumis le projet de ce traité à la sanction de la Commission financière, au lieu d'attendre la dernière limite pour lui soumettre un traité définitif, ce qui a eu deux résultats fâcheux (le Comité de contrôle ayant refusé d'approuver le traité Valensi): retard de six mois dans l'échange des Titres et dépenses énormes occasionnées pour la régence de Tunis forcée d'indemniser le premier concessionnaire?

9° Pourquoi M. Villet a-t-il imposé arbitrairement aux Obligataires français, sans les avoir consultés, eux ou leurs mandataires, l'obligation de recevoir au moment de l'échange des Titres non timbrés, contre la remise de Titres timbrés, c'est-à-dire une perte de six francs par Obligation;

10° Pourquoi M. Villet a-t-il décidé arbitrairement que la perte d'un seul coupon, au moment de la remise des anciens Titres, comportait la perte totale du Titre-Certificat lui-même;

11° Pourquoi M. Villet a-t-il déterminé seul le chiffre capital du Certificat qui doit remplacer les coupons arriérés des Titres 1863-1865, sans avoir consulté les délégués français et les intéressés?

12° Pourquoi, en ce qui concerne les Obligations sorties aux différents tirages postérieurs à 1867, et sur le sort desquelles la convention du 23 mars 1870 est muette, M. Villet, par ses instructions spéciales, a-t-il décidé, sans avoir consulté les intéressés ou leurs délégués, qu'on les échangerait purement et simplement contre des Obligations nouvelles, au lieu de les rembourser à 500 francs?

13° Pourquoi M. Villet, auquel ses fonctions de Vice-Président de la Commission financière de Tunis permettent de trancher toutes les questions financières relatives à la conversion des dettes de la régence (car personne n'ignore qu'il est le fondé de pouvoir du Comité exécutif), ne se sert-il de ses pleins pouvoirs que d'une façon qui semble à tous préjudiciable aux intérêts des Obligataires français?

14° Pourquoi M. Villet a-t-il écrit à un Obligataire la lettre dont il a été donné lecture à l'Assemblée générale du

17 février, et qui avait pour but de faire peser sur le Gouvernement tunisien la responsabilité qui lui incombe personnellement dans les retards apportés dans l'échange des Titres et la nomination du successeur de M. Bonfils (Voir pièce n° 7) ?

Aussi les Obligataires, après vous avoir exposé tous leurs griefs, toutes leurs réclamations, tous leurs vœux et toutes leurs craintes, s'adressent-ils, pleins de confiance, à vous, M. le Ministre des Affaires étrangères, et ont-ils le ferme espoir que Votre Excellence leur fera obtenir justice pour le présent comme pour l'avenir.

Paris, le 16 mars 1872.

Le Secrétaire,

BERNARD.

Le Président,

Achille BRODIN.

N° 11

Première requête adressée à Son Excellence Monsieur le Ministre des affaires étrangères, et simultanément à Monsieur le baron Jules de Lesseps, Représentant de Son Altesse le Bey, à Paris, le 6 juillet 1871.

Les soussignés, porteurs d'Obligations Tunisiennes, ont l'honneur de vous prier de vouloir bien faire procéder le plus tôt possible au remplacement de M. Bonfils, décédé, en qualité de délégué français, faisant partie du Comité de contrôle de la Commission financière instituée par décret de Son Altesse le Bey, du 5 juillet 1869.

Les intérêts français engagés en Tunisie, et qui n'ont pas reçu satisfaction depuis 1867, demandent que le Comité de contrôle soit au complet. Cette nomination leur paraît urgente, au moment de la mise à exécution du décret réglementant la conversion de la Dette Tunisienne et l'échange des Titres anciens en Titres nouveaux.

Dans cet espoir,

Ils ont l'honneur de vous prier d'accepter leurs remercîments et de se dire vos très-humbles serviteurs.

Suivent les signatures.

Pour copie conforme :

Le Secrétaire,
BERNARD.

Le Président,
Achille BRODIN.

Cette première requête constitue sept envois, aux dates
suivantes :

1° 6 juillet.... 1871
2° 11 — —
3° 14 — —
4° 20 — —   } Comprenant 500 signataires.
5° 26 — —
6° 6 septembre 1871
7° 6 — —

N° 12

Paris, le 21 septembre 1871.

Deuxième requête adressée à Son Excellence Monsieur le Ministre des Affaires étrangères.

Les soussignés, porteurs d'Obligations Tunisiennes, avaient osé espérer qu'à la suite des pétitions qu'ils ont eu l'honneur de vous adresser successivement depuis le 6 juillet dernier, Votre Excellence aurait bien voulu provoquer, dans le plus bref délai et d'urgence, la nomination d'un délégué français à Tunis, en remplacement de M. Bonfils, décédé.

Les événements, dans l'intervalle, ont confirmé leurs craintes. Faute d'être représentés à Tunis dans la Commission financière, les intérêts des obligataires français sont en souffrance, et dans l'absence de leurs délégués, la Commission financière et le Comité d'administration des revenus concédés prennent toutes mesures à leur convenance collective, sans se préoccuper autrement des intérêts français.

Cette situation qui leur est préjudiciable, ne saurait se prolonger davantage et être tolérée plus longtemps par Votre Excellence.

En conséquence, ils ont l'honneur de vous prier de vouloir bien insister auprès de qui de droit pour que la Commission financière et le Comité d'administration des revenus concédés sursoient désormais à toute mesure quelconque avant la nomination de leur délégué et son arrivée à Tunis, voire même à l'échange prochain des Titres,

Ils ont, en même temps, l'honneur de vous prier de vouloir bien donner la plus prompte satisfaction à leurs demandes d'urgence relatives à la nomination immédiate de leur délégué.

Dans cet espoir,

Ils ont l'honneur de vous exprimer leurs remercîments et de se dire vos très-humbles serviteurs.

Suivent les signatures.

Pour copie conforme :

Le Secrétaire,	*Le Président,*
BERNARD.	Achille BRODIN.

Cette seconde requête constitue six envois, aux dates suivantes :

1° 21 septembre 1871
2° 2 octobre —
3° 4 — —
4° 10 — —
5° 16 — —
6° 24 — —

} Comprenant 500 signataires.

N° 13

MINISTÈRE DES AFFAIRES ÉTRANGÈRES. — DIRECTION POLITIQUE.

Versailles, 27 octobre 1871.

A Monsieur l'Administrateur-Délégué de la Banque des Provinces, 22, rue de la Banque, Paris.

Monsieur, j'ai reçu les lettres que vous m'avez adressées, en date des 6 et 24 de ce mois, au sujet des réclamations formées par un certain nombre de porteurs de Titres de la Dette tunisienne.

Le Gouvernement français n'avait pas attendu la plainte des intéressés pour recommander à Tunis l'adoption de mesures propres à y donner satisfaction.

A la suite de pourparlers dont il n'a pas dépendu de lui d'abréger la durée, les difficultés qui s'opposaient à la réalisation de ce vœu semblent avoir été définitivement aplanies, et j'ai lieu de penser que les créanciers français de la Régence seront très-prochainement saisis de la décision du Bey par l'entremise du représentant de Son Altesse à Paris.

Recevez, Monsieur, l'assurance de ma considération distinguée.

Signé : RÉMUSAT.

Pour copie conforme :

Le Secrétaire,
BERNARD.

Le Président,
ACHILLE BRODIN.

N° 14

Paris, lé 2 février 1872.

A Son Excellence Monsieur le Ministre des Affaires Étrangères.

Monsieur le Ministre,

Nous avons l'honneur et le regret de venir protester auprès de Votre Excellence, au nom des porteurs d'Obligations tunisiennes, dont nous vous avons déjà adressé les réclamations sous forme de requêtes et pétitions, contre les retards préjudiciables apportés dans la nomination de leur délégué, en remplacement de M. Bonfils, décédé.

Votre lettre du 27 octobre dernier, que nous leur avons communiquée, nous disait que vous aviez tout lieu de croire à une prochaine réalisation de leurs vœux.

Ils protestent également et spécialement surtout, auprès de Votre Excellence, contre toute décision nouvelle instituant un mode d'élection contraire à l'article 10 du décret du 5 juillet 1869, en vertu duquel les délégués français doivent recevoir directement leur mandat des porteurs de Titres des deux emprunts 1863-1865.

Ils ont quelques motifs de craindre semblable surprise, et ils comptent bien que Votre Excellence n'acceptera, pas plus qu'eux, toute infraction à la liberté de l'élection, aux termes et conditions de l'article 10 sus-énoncé, et qui par ailleurs sont les seuls légitimes et de droit commun.

Les obligataires tiennent essentiellement à nommer directement leur mandataire et sont décidés à n'abdiquer, en faveur de personne, ce droit imprescriptible qui ne peut leur être enlevé sous aucune forme plus ou moins déguisée.

Ils protestent donc dès maintenant et par anticipation, contre toute tentative de ce genre qui les dépouillerait de leurs droits de nomination directe d'un mandataire de leur choix.

Dans cette situation, ils ont l'honneur de vous prier de vouloir bien défendre leurs droits et leur faire obtenir satisfaction dans les plus courts délais.

Pleins de confiance nous-mêmes dans le succès de votre haute et énergique intervention, nous serions heureux de pouvoir leur communiquer la prompte et favorable réponse de Votre Excellence que nous avons l'honneur de solliciter en leur nom.

Daignez agréer, Monsieur le Ministre, l'assurance de notre profond respect,

A signé : L'ADMINISTRATEUR-DÉLÉGUÉ DE LA BANQUE DES PROVINCES.

Pour copie conforme :

Le Secrétaire,
BERNARD.

Le Président,
ACHILLE BRODIN.

IMPRIMERIE CENTRALE DES CHEMINS DE FER. — A. CHAIX ET Cᵉ, RUE BERGÈRE, 20, PARIS. — 2511-2.

42